AF440361

HORS DE LA CHARTE,

POINT DE SALUT.

Ea demùm tuta est potentia, quæ viri-
bus suis modum imponit. TACITE.

PARIS.

ALEXIS EYMERY, LIBRAIRE,
rue Mazarine, n°. 30.

1815.

DE L'IMPRIMERIE DE J.-B. IMBERT.

RUE DE LA VIEILLE-MONNAIE.

HORS
DE LA CHARTE,
POINT DE SALUT.

Plusieurs bons écrits ont été publiés, où l'on a rendu hommage à la vérité que je donne pour titre à cet opuscule ; mais, dans aucun, on n'a cherché à rassembler toutes les preuves qui peuvent en démontrer l'évidence ; et il m'a paru qu'outre qu'elle trouvait encore des contradicteurs, elle n'était point assez fortement sentie de la majorité des Français. Dévoué à ma patrie et à son Roi, je me suis laissé séduire par le désir et l'espérance d'ajouter quelques nouvelles considérations à celles que l'on a déjà données en faveur de notre pacte social.

Mon unique but étant de réunir autour de la Charte toutes les volontés et toutes les forces de la nation, je n'examinerai point si cet acte est trop ou trop peu libéral, et si le Roi avait ou non le droit de l'octroyer ; mais j'espère prouver que, dans l'état actuel de la civilisation, une monarchie constitutionnelle est le seul gouvernement qui convienne à la France ; que, s'élançant entre des partis exaspérés, le Roi seul pouvait avoir l'ascendant nécessaire pour faire adopter une constitution par la grande majorité du peuple français ; et enfin que, sauf un des articles qu'il soumet lui-même à la révision des deux chambres, il était impossible qu'il nous donnât une Charte mieux combinée pour concilier les opinions opposées, et toute la liberté que nos mœurs peuvent admettre, avec tout le pouvoir qui doit appartenir au chef suprême d'un état monarchique.

Les bons Français, et je ne considère comme tels que ceux qui ne désirent pas leur avantage particulier au détriment du bien général, jugeront peut - être qu'il était inutile de démontrer des vérités aussi incontestables. Tout homme raisonnable et impartial, me diront-ils, partage notre commune opinion, et tous vos raisonnemens ne rendront point sages les insensés , et libéraux (1) les égoïstes.

Aussi n'est-ce point à ces êtres dégradés que je m'adresse, mais aux amis de leur pays, qui, peu accoutumés à méditer sur des problêmes politiques, pourraient se laisser séduire par des sophistes adroits.

D'abord, leur dirai-je, examinez si celui qui déclame contre la constitution ne profitait pas de quelqu'abus de l'ancien régime ; s'il ne devait pas exclusivement à la naissance, à la faveur, à la vénalité, quelque dignité, quelque charge, quelque bénéfice, quelque décoration, quelqu'emploi au-dessus de son mérite personnel. Soumettez ensuite au même examen ses proches parens , et in-

---

(1) En employant ce mot pour la première fois dans cet écrit, j'avertis que j'y attache la signification diamétralement opposée à celle du mot *servile* , c'est-à-dire à peu près le même sens , dans lequel un ancien bien connu l'a employé, quoi qu'on ait avancé que les anciens ne lui donnaient pas l'acception qu'on dit nouvelle.

Unum studium verè liberale est quod liberum facit.   Senec. *Epist.*

formez-vous s'ils ne sont pas ou s'ils ne croient point être, lui ou les siens, à portée de profiter des mêmes moyens de considération et de fortune, dans le cas où tout se rétablirait comme en 1788. J'ose affirmer, d'après l'épreuve que j'en ai faite moi-même, que, sur dix antagonistes de la Charte, vous n'en trouverez qu'un au plus, dont l'opinion ne soit pas influencée par quelqu'un de ces motifs d'intérêt.

Mais supposons que tous les partisans du pouvoir absolu le soient par conviction intime de la bonté de leur système, qu'ils pensent réellement que restreindre l'autorité du Roi, c'est l'anéantir, et montrer une défiance injurieuse pour une dynastie dans laquelle les vertus et la bonté sont héréditaires ; qu'ils soient convaincus que cette *innovation* (1) est d'ailleurs inutile, puisque la France ne peut

______

(1) C'est une expression des royalistes par exellence, quant à moi je ne trouve au contraire dans l'adoption du gouvernement représentatif, qu'un rappel des anciennes institutions de la monarchie française.

trouver dans aucune charte une garantie aussi sûre que dans le cœur de ses rois ; admettons, enfin, que la funeste expérience de vingt-cinq années de troubles et de crimes leur ait persuadé que le régime représentatif n'est point fait pour la nation française : voici ce qu'on peut leur répondre.

Certes, personne ne disconviendra des droits acquis par l'auguste famille des Bourbons , à l'amour filial des Français , par plusieurs siècles de paternité nationale. Mais malgré leurs vertus éminentes , les Bourbons sont encore des hommes , et , comme tels , inexpérimentés dans la jeunesse et faibles dans la caducité. Ils peuvent être atteints d'infirmités physiques et morales qui les réduisent à l'impossibilité de faire tout le bien que leur dicte leur qualité caractéristique : la bonté ; et cette bonté héréditaire , même , qui leur a mérité l'amour filial de la nation , ne peut-elle jamais dégénérer en faiblesse et n'a-t-elle pas besoin quelquefois d'être modérée ? Ne voit-on pas tous les jours des personnes estimables et généralement aimées pour leurs qualités de cœur et d'esprit, conduire mal leurs affaires et ruiner leurs familles par ces mêmes qualités? Ce déplorable résultat d'une cause louable se rencontre plus fréquemment encore dans les souverains, sur les vertus desquels le vice cherche sans cesse à spéculer. Une sage constitution peut seule défendre de la séduction des maîtresses, de l'importunité des favoris et des embûches de la flatterie, l'inexpérience d'un jeune roi, la facilité d'un souverain affaibli par l'âge, et jusques à la libéralité d'un monarque trop magnanime.

Non seulement dans ces trois hypothèses, mais chaque jour de son règne, un prince véritablement bon, c'est-à-dire, qui ne voudra point l'être aux dépens de son peuple, se félicitera de régner sous l'empire d'une Charte qui lui serve d'égide contre les attaques déhontées des avides courtisans, qui ne désirent à leur maître un pouvoir sans limites que pour en arracher des grâces sans mesure.

Une constitution bien pondérée, loin de nuire à l'autorité royale, en est la sauve-garde.

Ce n'est jamais contre la volonté réelle du Roi qu'on l'invoque, parce qu'un souverain légitime, dont le trône est soutenu par l'amour et la reconnaissance d'une nation, ne peut jamais avoir réellement l'intention d'opprimer ses sujets ; ceux-ci n'opposent donc leurs droits constitutionnels qu'au despotisme des ministres, qui pèse souvent à la fois sur les peuples et sur les princes.

Vous supposez, me dira-t-on, le trône occupé par un souverain qui en serait indigne, et ce cas est heureusement rare.

Je ne défendrai point ma supposition, parce qu'elle n'est pas nécessaire à ma thèse ; car je soutiens qu'un prince actif, éclairé et bien intentionné, ne peut tout voir, tout diriger par lui-même, pour peu que ses états soient étendus, et que dans un royaume vaste et populeux, le monarque le plus heureusement né, le plus instruit et le plus laborieux, ne pouvant suffire seulement à la surveillance générale, est contraint de laisser plus ou moins gouverner ses ministres. Il lui est même très-difficile de n'élever au ministère que des hommes d'état capables de le suppléer chacun dans son département, parce que l'art de connaître les hommes doit être chez les princes une sorte de don inné que la nature ne départ point à tous, et sans lequel, cependant, la distance qui les sépare de leurs sujets ne leur permettant pas de les bien connaître, les expose à laisser diriger leurs choix par l'intrigue ou la flatterie : et l'on n'ignore point que ce n'est pas le vrai mérite qu'elles protègent.

De long-temps cette calamité ne sera point à craindre pour la France, l'adversité n'ayant présenté que trop d'occasions à l'auguste famille régnante d'étudier les hommes. Mais ce n'est pas pour son bonheur seulement que la génération actuelle veut une constitution, c'est aussi, et plus encore, pour le bonheur de sa postérité.

Eh quoi ! s'écrient des personnes qui ne connaissent pas même le sens du mot constitution, puisqu'elles pensent qu'il en existait une en France lorsque la fameuse maxime *si veut le roi, si veut la loi* y était, de l'aveu même des plus savans publicistes, la base du gouvernement ; lorsque les parlemens, qui prétendaient avoir hérité du pouvoir comme du nom de nos anciennes assemblées nationales, et qui croyaient remplacer nos états-généraux, étaient exilés par l'influence d'un ministre ou d'un favori : Eh quoi! s'écrient ces partisans aveugles ou intéressés du pouvoir absolu, notre patrie n'était-elle pas heureuse et florissante sous le gouvernement purement monarchique.

Sans examiner si la France était heureuse au dedans et considérée au dehors, pendant l'enfance et la veillesse de Louis XIV, sous la régence, et dans la dernière moitié du règne de Louis XV, et si pendant cette même époque l'Angleterre et la Hollande, dont le stathouder devait être considéré comme le roi, n'ont pas fait des progrès plus rapides vers la puissance et la civilisation sous leur royauté constitutionnelle, que nous sous la monarchie absolue, je demanderai pourquoi, en 1788, les parlemens, les notables, le clergé, la noblesse, la bourgeoisie, les paysans, toutes les classes de la nation enfin, appelaient à grands cris des réformes qu'un roi bienfaisant autant qu'infortuné jugeait lui-même nécessaires ? et je renverrai les plus obstinés aux cahiers des députations, non du tiers-état, parce qu'on pourrait supposer qu'ils avaient été rédigés dans un esprit de réaction contre la noblesse et le clergé, mais bien à ceux donnés à leurs députés par ces deux ordres.

M'objecterait-on, qu'à cette époque nous n'avions pas fait encore la funeste épreuve des excès auxquels peut se porter une nation qui renverse l'autorité légitime ? Mais cette objection retomberait sur les opposans à la volonté bien connue de leur Roi, sur eux, qui repoussant la Charte royale, sont aujourd'hui de véritables révolutionnaires; car nous, royalistes contitutionnels, loin de vouloir renverser le gouvernement établi, nous sommes convaincus, au contraire, que la constitution que nous devons au Roi, est le moyen unique de conserver sur le trône

sa dynastie, qui, à son tour, peut seule assu-
ser le repos et le bonheur de la France.

Quant à l'assertion si répétée, que le gouvernement représentatif ne saurait convenir
aux Français, on ne voit pas sur quoi elle
peut être fondée. Toutes les constitutions
nées de la révolution ont été presque aussitôt
détruites par elle. Le tribunat créé par Bo-
naparte n'avait encore eu que le temps d'in-
diquer qu'il était animé de l'esprit de son
institution, que le despote, qui n'aimait que
les corps représentatifs muets, le supprima.
Les déclamations contre les corps représentatifs réguliers, sous un gouvernement héréditaire, libéral et fort, chez une nation
qui n'en veut plus d'autre, ne peuvent donc
être autorisées par la nullité, les erreurs,
ou même les crimes d'assemblées qui ont
été successivement les instrumens ou les
jouets des factions ou du despotisme. Cette
consolante vérité a déjà été prouvée par les
amis d'une sage liberté, par la noble con-
duite de la chambre des députés dans sa
première session ; et s'il fallait une nouvelle

preuve de l'injustice de ces vaines déclamations, nous la trouverions dans la sagesse
des dernières élections, soit que les électeurs
aient donné leurs suffrages de leur propre
mouvement, soit que le gouvernement ait
insinué les choix par l'influence salutaire
que lui ont acquis ses intentions paternelles.
Dans le premier cas, la nation aura prouvé
qu'elle n'accorderait plus sa confiance qu'à
des députés dévoués à son Roi constitutionnel, et dans la deuxième hypothèse, il restera
démontré que le gouvernement pourra toujours diriger les élections dans son intérêt,
qui, désormais, ne saurait être que celui
de la nation. Dès lors on conviendra, j'espère, que le système représentatif ne peut
plus inspirer aucune crainte pour la tranquillité publique.

Je vais plus loin, et jose affirmer que si la
Charte actuelle eut existé avant 1789, notre
terrible révolution n'aurait pas eu lieu, puisque l'on convient généralement que le désordre
des finances en fut la première cause, et qu'il
est évident qu'un corps représentatif, nanti du

droit de consentir les subsides, et envers lesquels les ministres eussent été responsables, aurait, en arrêtant les dilapidations, prévenu ce désordre.

Le gouvernement représentatif, outre les avantanges dont nous venons d'entretenir nos lecteurs, en offre plusieurs autres, parmi lesquels il en est un surtout de la plus haute importance: c'est la facilité de faire parvenir, par la discussion des affaires publiques dans les chambres, la vérité jusqu'au trône dont l'accès est presque impossible pour elle dans les gouvernemens absolus, et même aussi par toute autre voie dans le gouvernement représentatif, puisque nous avons été témoins qu'elle n'était pas plus admise dans les protestations adulatrices des adresses souvent commandées , et des députations presque toujours sollicitées par des courtisans provinciaux, que dans le langage ordinaire des cours.

N'est-elle pas un bien aussi, cette énergie que les discussions publiques sur les intérêts de l'état donnent à l'esprit national qui ne saurait exister sous les gouvernemens où le public ne coopère en rien aux affaires publiques ?

N'est-ce pas un autre avantage des corps nationaux délibérans , que la facilité qu'ils présentent au Roi de connaître et d'évaluer des hommes dont il aurait toujours ignoré le mérite, et qu'il peut prendre, pour ainsi dire, à l'essai pour leur confier diverses branches du gouvernement ?

Enfin, entre autres choses, on peut dire encore en faveur des représentations nationales qu'elles excitent l'émulation des citoyens, les portent à diriger leurs études vers les différentes parties de l'administration et de la politique, et fournissent ainsi au gouvernement une pépinière de bons administrateurs et même de diplomates.

Je ne sais si je me fais illusion, mais il me semble inconcevable que les personnes même les plus attachées à la monarchie absolue, si elles désirent sincèrement le bonheur de leur Roi et la prospérité de leur pays, résistent à la force des raisons que je viens de développer.

J'espère en opposer d'aussi convaincantes à ceux qui, de bonne foi aussi, tombant dans l'excès inverse, soutiennent qu'il n'appartenait point au Roi d'octroyer une Charte à la nation, que c'était, au contraire, à la nation à présenter une constitution à l'acceptation du Roi ; et que de plus la Charte royale est trop favorable à la prérogative de la couronne.

Mais avant de passer outre, l'impartialité me prescrit d'appliquer aux *ultrà libéraux* l'observation que j'ai déjà faite sur les *ultrà royalistes*, en recommandant aux vrais citoyens qui ont moins de lumières que de bonne volonté, d'examiner si parmi ces contempteurs de la Charte, il n'en est pas qui regrettent un temps que cette Charte doit à jamais empêcher de revenir, et qui n'est regretté que par eux. Une pareille revue éclaircira prodigieusement les rangs déjà bien peu nombreux des ennemis de l'ordre actuel, par excès d'amour, vrai ou supposé ; pour la liberté, et c'est seulement à ceux qui sortiront purs de cette épreuve, que s'adresseront les observations suivantes :

Nous l'avons annoncé, nous ne discuterons pas la question de droit public sur la première plainte. En théorie, elle est déjà résolue dans l'esprit de toutes les personnes impartiales qui lisent et réfléchissent, et nous sommes loin de nous attribuer le talent de convaincre celles que les plus habiles publicistes n'ont pu persuader. Une pareille discussion n'aurait donc que l'effet pernicieux de renouveller des disputes dont l'humeur se mêle toujours ; nous nous bornerons à soutenir que pour le bien de la paix et le bonheur commun, il était indispensable que le roi prît l'initiative de la constitution.

Si l'on n'avait eu qu'à concilier les droits du peuple avec la prérogative royale, Louis XVIII, je n'en doute point, eut été assez loyal, assez généreux, pour laisser rédiger le pacte constitutionnel aux représentans de la nation, mais il avait un but bien plus difficile à atteindre , il fallait rapprocher et fondre pour ainsi dire ensemble les opinions les plus contradictoires , et obtenir de cette fusion , un monument qui réunît les suffrages de la presque totalité des Français. *Hîc labor ! hic opus !* Dans le tumulte des passions s'agitant sans relâche, au milieu des partis s'entre-choquant sans cesse , Louis-le-Désiré seul pouvait faire entendre sa voix impartiale. Comme fils de Louis XIV, il exige l'obéissance des royalistes absolus ; comme frère de Louis XVI, il inspire une déférence confiante aux royalistes constitutionnels ; comme ancien ami des idées libérales , il rassure les républicains , et la masse de la nation reçoit avec reconnaissance, de sa main paternelle, la Charte conciliatrice.

Oui, si l'on convient de cette défiance réciproque des partis opposés, qui a toujours fait accuser par chacun d'eux les hommes qui partageaient leurs opinions , mais avec quelque modération , d'être dévoués au parti contraire ; il faudra convenir aussi que nous étions incapables de nous donner nous-mêmes une constitution. En effet les Français, on ne peut le nier, étaient naguère encore divisés en quatre principaux partis, les royalistes absolus, les royalistes constitutionnels, les républicains et les démagogues, et l'on peut assurer qu'une constitution décrétée par une assemblée nationale quelconque, eût-elle été le chef-d'œuvre de l'esprit humain, trois de ces partis auraient cru qu'elle était l'ouvrage et le triomphe du quatrième, et n'auraient pas voulu la reconnaître. Je ne suis pas même éloigné de penser que l'animosité entre eux en était à ce point, que si une assemblée représentative, composée de démagogues, avait voulu rendre à la France l'ancien régime pur et simple, les royalistes absolus s'y seraient opposés, comme de leur côté les démagogues auraient rejeté la république, si ces royalistes avaient voulu l'établir. *Timeo Danaos et dona ferentes !* se seraient ils écriés les uns ou les autres.

Le Roi en se déclarant constitutionnel lui-même, a fait trébucher la balance en faveur de la monarchie représentative, et a rallié à ce gouvernement tous les citoyens honnêtes et raisonnables, quels que fussent d'ailleurs leurs principes politiques.

Le bienfait de la Charte ne pouvait donc nous venir que du Roi; il ne pouvait, lui, nous la donner ni plus ni moins libérale. Il fallait qu'elle eût le caractère de modération propre à ramener les esprits irrités, et qu'elle tînt le centre du cercle où devaient se rencontrer des hommes partant de tous les points de la circonférence. On reconnaîtra qu'elle remplit cet objet, puisque déjà les partis se confondent autour d'elle, et qu'il ne reste plus à voir s'y réunir qu'un nombre proportionnel et très-petit d'aveugles fauteurs du despotisme, et d'incorrigibles démagogues qui, sans doute, arriveront plus tard, parce qu'ils étaient plus éloignés du point central.

Il n'est qu'un article de la Charte royale qui n'ait jamais pu réunir qu'un petit nombre de suffrages, la plupart intéressés, mais sur lequel il paraît que s'est éveillée la sollicitude paternelle du Roi, puisqu'il l'a soumis à la révision des chambres, par son ordonnance de convocation de la session qui va s'ouvrir. C'est l'art. 38, en ce qu'il veut que l'on ne puisse pas être élu député, si l'on ne paye mille francs de contributions directes.

On ne peut concevoir d'autres motifs de cette disposition, que la crainte de voir nommer à la représentation nationale un grand nombre d'individus qui, n'ayant que très-peu de fortune, n'auraient pas été assez intéressés au maintien de l'ordre et de la constitution, pour offrir une garantie suffisante à leurs commettans. On se plaît à rendre justice à cette sollicitude paternelle; mais plus on est dévoué à la Charte, et plus on désire de voir corriger un article qui, tel qu'il est, nuit à sa popularité par les raisons suivantes :

1°. Il resserre dans un cercle d'environ trois mille personnes le droit d'éligibilité ; (1)

____

(1) Nous évaluons à 5,000 au plus, le nombre des contribuables qui payent mille francs et au-dessus ; mais il faut déduire de ce nombre les mâles qui n'ont pas atteint l'âge prescrit ; les femmes, les infirmes, les banqueroutiers, etc., etc: Il est vrai que l'art 39

(23)

2°. Il compose exclusivement la chambre des députés de la classe des riches, déjà représentés par les pairs, et laisse sans représentans la classe moyenne, qui est cependant la plus éclairée comme la plus nombreuse, et dont les intérêts ne sont pas toujours les mêmes, que ceux des contribuables payant mille francs ;

3°. Il ajoute au malheur des personnes qui ont perdu leur fortune dans la révolution, et il aurait une influence funeste sur les mœurs, parce qu'il place la richesse au-dessus du mérite, et que dans un pays où l'on n'est rien si l'on n'est riche, on fait tout pour le devenir ;

---

de la Charte statue que, dans le cas où il ne se trouvera pas dans le département cinquante personnes de l'âge indiqué payant la somme fixée, ce nombre sera complété par les imposés au-dessous de mille francs, qui pourront-être élus concurremment avec les premiers ; mais cette disposition ne saurait guères augmenter le nombre des éligibles, que d'environ cent personnes, et fait même ressortir l'extrême disproportion du nombre des éligibles par département avec celui de la population. Elle ne prévient d'ailleurs aucun des inconviens qu'on reproche à l'article 38.

4°. Il ira même souvent contre son but ,
de n'avoir dans la chambre que des hommes
très-intéressés au maintien de l'ordre et de
la tranquillité , parce que le cinquième
au moins des contribuables éligibles par
leur fortune apparente , est obéré dans la
réalité, et que ce sont ceux-là qui regardant la
députation comme un moyen de rétablir leurs
affaires , cabaleront le plus dans les colléges
électoraux, et parviendront souvent à se
faire élire ;

5°. Il est impolitique , parce qu'il tend à
éteindre toute émulation dans la classe de
la société qui se livre le plus à l'étude , et
parce qu'il est à craindre qu'il n'affaiblisse
l'attachement à la constitution dans cette
classe qui , par le nombre , ses lumières et
ses rapports fréquens avec les classes infé-
rieures, influe puissamment sur l'opinion
générale ;

6°. Il est inutile, parce qu'il est impossible qu'un corps électoral composé de contribuables payant au moins trois cents francs ,
ce qui , dans les départemens sur-tout, sup-

pose de l'aisance, élise un député sans fortune, à moins que ses talens supérieurs ne commandent son élection, et que sa moralité généralement reconnue ne soit une garantie assurée contre le danger de la corruption ; (1)

7°. Enfin, c'est une erreur de croire que l'honnête homme qui n'a que très-peu de fortune, ne soit pas autant attaché à l'ordre public, que l'homme opulent. Il y tient même davantage, soit parce qu'on a plutôt perdu ou dépensé vingt mille francs, que cinq cent mille, soit parce que les troubles civils nuisent toujours à l'industrie qui doit suppléer à l'insuffisance du revenu du citoyen peu fortuné.

---

(1) Est-il très-certain que l'homme instruit qui n'a pas de fortune, soit plus corruptible que le riche ? tandis qu'il arrive souvent que ce dernier n'a acquis, accru ou conservé sa fortune qu'aux dépens de sa délicatesse, et que le pauvre ne doit au contraire le fâcheux état de la sienne, qu'à son extrême désintéressement : ceci, vrai dans tous les temps, l'est surtout après une révolution telle que la nôtre.

On s'attend donc que la chambre des Députés, profitant de l'indication que lui en a faite le Roi, proposera un amendement à cet article de la Charte, qui n'est point en harmonie avec son ensemble; et on le croit d'autant plus, que ce sera un acte de loyauté pour MM. les Députés, de se prononcer en faveur de la justice contre l'intérêt apparent de la classe dont ils font partie. J'ai dit l'intérêt apparent, parce que je suis dans la ferme persuasion qu'en concourant à faire disparaître cette tache du pacte national, MM. les Députés agiront dans le véritable intérêt de leur classe, qui, constituant la portion notable de la nation, ne peut trouver que dans l'affermissement de la constitution, la garantie de ses richesses, de sa considération et de ses honneurs.

Le corps législatif, n'en doutons point, saura modifier l'article 38, de manière que, sans diminuer sensiblement la sorte de cautionnement que le législateur a cru trouver en n'admettant dans la composition des corps représentatifs, que des citoyens possédant une assez grande fortune, il ouvrira une porte du sanctuaire des lois à l'homme riche, seulement en vertus et en talens.

Un pareil amendement serait un retour à la justice, un hommage au mérite, et un motif d'émulation générale, sans qu'il pût jamais en résulter aucun abus ; car il serait absurde de supposer que dans une assemblée d'électeurs ayant tous de la fortune, un individu qui n'en serait point membre, pût capter la majorité des suffrages, s'il n'avait pas des vertus et des talens au-dessus du vulgaire, et certainement le citoyen peu fortuné, qui serait élu par de nobles motifs, représenterait plus utilement ses commettans, qu'un député distingué seulement par son opulence.

Mais cet article amendé, respectons tous les autres : ils se coordonnent entre eux, et comme l'a si sagement dit le roi-citoyen, *n'oublions pas qu'auprès de l'avantage d'améliorer, est le danger d'innover.*

Il nous reste à examiner si la crainte que manifestent quelques personnes, par esprit de parti, ou même de bonne foi, sur l'instabilité de la constitution , doit être partagée par des citoyens qui ne voient que dans cette constitution l'arche qui peut nous sauver du déluge de maux qui a fondu sur la France. Louis XVIII, osent dire ces mécontens, nous ayant octroyé la Charte de sa toute puissance et autorité royale, comme une simple concession d'une partie de la prérogative de la couronne, si ce n'est lui, ses successeurs pourront un jour prétendre que le Roi n'a pas eu le pouvoir d'aliéner des droits inhérens au trône de France; ou qu'en supposant qu'il ait eu ce pouvoir, il faut aussi lui reconnaître celui de retirer, par une simple ordonnance, des concessions qui n'ont d'autre origine qu'une ordonnance de même nature émanée de la même puissance royale.

Mais qui ne voit que pour que de telles maximes pussent être admises , il faudrait que les lumières eussent rétrogradé de plusieurs siècles, que la doctrine hypocrite et rampante de l'obéissance passive eût pris la place des idées libérales, et qu'elle fût parvenue à persuader aux peuples qu'ils ne sont que de vils troupeaux qui doivent à leurs bergers leurs dépouilles et leur vie, tandis que ceux-ci ne sont tenus à rien envers eux ? Et s'il était possible que la France tombât dans cet excès d'ignorance, de barbarie et d'avilissement, serait-ce une distinction métaphysique entre une Charte octroyée par le prince et reçue par la nation, et une constitution décrétée par la nation et acceptée par le prince qui sauverait la liberté publique ? Dans l'hypothèse du triomphe des idées serviles, ne renverserait-on pas plutôt la constitution faite par le peuple qu'on regarderait comme l'ouvrage de rebelles qui auraient forcé le monarque à l'accepter, qu'une Charte accordée librement par le Roi, qu'on pourrait défendre contre les attaques des plus ardens fauteurs du despotisme par des argumens qui les embarrasseraient, parce qu'ils découleraient de leurs propres principes ?

Heureusement, on ne sera jamais dans le cas de recourir à ces armes gothiques et rouillées ; le Roi et sa famille auguste, ont juré fidélité à la constitution ; qui oserait les croire capables de se parjurer ! pour moi je me suis fait une si haute idée de la foi royale, qu'il me paraît criminel de ne pas être convaincu de son inviolabilité ; je la considère comme la pierre angulaire de la société, parce que, par une conséquence naturelle de cette sentence d'un grand Roi (1), que *si la bonne foi était bannie de la terre, elle devrait se réfugier dans le cœur des rois,* un prince qui manquerait à ses sermens perdrait le droit d'exiger de ses sujets l'observation des leurs.

La simple parole même d'un souverain doit être sacrée, et notre bon Roi et nos princes n'eussent-ils que promis, au lieu de le jurer, le maintien de la constitution, on devrait être entièrement rassuré sur la loyauté de leurs intentions. Eh ! comment des princes français pourraient-ils manquer à leur parole ! Ils n'ignorent pas que l'esprit chevaleresque de la nation attache à ce tort, déjà si grave par lui-même, un caractère de bassesse et de lâcheté ; et n'a-t-on pas vu, pendant la révolution, des milliers d'individus fausser leur serment à chacune de ses phases, qui eussent

______

(1) Louis XII.

fait le sacrifice de leur vie plutôt que de manquer à leur parole d'honneur (1)?

Tenons donc également, et nos sermens et nos promesses ; la famille royale, les pairs, les députés nous en donneront l'exemple. Ils ont promis de ramener l'union et le bonheur dans notre patrie, ils ont juré d'affermir la constitution , ils savent tous qu'ils ne peuvent accomplir leur promesse qu'en tenant leur serment ; que la Charte royale est le talisman auquel sont attachées, non-seulement la prospérité, mais l'existence même de la

______

(1) Cette différence entre le serment et la parole d'honneur, qui ne semble d'abord que l'effet d'un préjugé, peut être dans certain cas, et jusqu'à un certain point, avoué par la raison, parce que les sermens sont ordinairement commandés, et que la parole d'honneur est le plus souvent accordée librement ; d'ailleurs, les papes se sont souvent permis de relever de leurs sermens les Rois et les sujets, tandis que personne jusqu'à présent, ne s'est arrogé le droit de dégager de la parole d'honneur, si ce n'est celui qui l'a reçue. S. A. R. Monsieur a su énergiquement réunir ces deux garans de son dévouement à la constitution, dans la touchante séance du 16 mars dernier, par la formule de son serment : *nous jurons sur l'honneur*, etc.

France, qui doit éviter sur toutes choses, d'offrir aux étrangers le honteux spectacle de nos dissensions domestiques. Ah ! mon cœur le pressent et ma raison me le persuade, il ne sera bientôt plus parmi nous de ces hommes aveugles et assez endurcis par leurs passions, pour rester insensibles à la voix paternelle du meilleur des rois, et aux calamités de la patrie ! Tous les Français, oui tous, iront, en se serrant la main, se jeter dans le bras du père commun ; et, pour lui faire oublier le passé et l'aider à supporter le présent par la consolante perspective de l'avenir, ils lui jureront qu'ils sont prêts à signer de leur sang, s'il le faut, la charte sacrée qui seule peut assurer la prospérité de la France, en lui constituant un gouvernement fort et libéral ; et qu'ils reconnaissent pour le premier dogme de leur symbole politique cet axiome, désormais le mot d'ordre des vrais amis du Roi et de la patrie: *Hors de la Charte, point de salut.*

FIN